Manipulation für Einsteiger

Wie Sie Manipulationstechniken leicht erkennen, abwehren und selbstbestimmt Entscheidungen treffen

inkl. Tipps zur Fremdmanipulation, um das zu bekommen, was Sie wollen

Thomas Kühne

INHALT

Das erwartet Sie in diesem Buch

Normalerweise verfolgen wir mit unserer Kommunikation ein Ziel, doch manchmal wird unsere Absicht von einer weiteren Instanz verhindert. Da wäre es doch einmal ganz schön, jemand anderen dazu zu bekommen, Ihnen bei der Erfüllung Ihrer Absichten zu helfen. Tatsächlich wäre Ihnen das mit der Hilfe von Manipulation möglich. Doch nach wie vor ist das Beeinflussen eines anderen ein heikles Thema und löst Unmut in den Köpfen der Menschen aus.

Deshalb möchte ich Ihnen in diesem Buch

zeigen, was Manipulation eigentlich bedeutet, da es sich nicht nur um einen rein negativ geprägten Begriff handelt. Kurzum, ich werde Ihnen erklären, was Manipulation ist und dass sie auch positiv eingesetzt werden kann.

Außerdem werden Sie mit Hilfe dieses Buches lernen, wie Sie sich am besten vor Manipulation schützen, diese abwehren und beenden können.

Danach werde ich Sie auch noch über die Folgen einer rein negativ geprägten Beeinflussung aufklären.

Was ist Manipulation?

Der Begriff Manipulation hat viele verschiedene Bedeutungen und genauso viele verschiedene Gesichter. Deswegen werden wir in diesem Buch nicht nur auf die negative Manipulation eingehen, sondern auch auf die positive, die man im Allgemeinen als Überreden bezeichnet.

Das Wort selbst setzt sich aus den lateinischen Wörtern „manus“ für Hand und „plere“ für füllen, zusammen, wörtlich übersetzt würde das dann soviel heißen wie „eine Hand voll haben“, woraus irgendwann im Deutschen der Handgriff und die Handhabung wurden.

Grob gesehen kommt der Begriff für

Manipulation aus dem technischen Bereich und findet sich daher in der Psychologie, Soziologie, Politik, Medizin und logischerweise auch in der Technik wieder, wobei immer etwas anderes beschrieben wird.

In der Psychologie, Soziologie sowie in der Politik bezeichnet der Begriff die versteckte Einflussnahme auf gezielte Personen oder Personengruppen. Ein bekanntes Beispiel aus der Politik wäre jede Form der Propaganda.

Manipulation in der Medizin hingegen wird als Eingriff verstanden, um heilsame Methoden, zum Beispiel das Verstärken von Knochen, zu beschreiben.

Wenn wir in der Technik von Manipulation sprechen, meint man das indirekte oder auch das direkte Eingreifen des Menschen in einen maschinellen Vorgang.

WAS BEDEUTET MANIPULATION?

Bevor Sie etwas über das Manipulieren erfahren oder darüber, wie Sie sich im Allgemeinen davor schützen können, müssen Sie sich erst einmal bewusst darüber werden, was Manipulation überhaupt bedeutet.

Im Grunde assoziiert man mit Manipulation eine negative Art der Beeinflussung, also eine undurchschaubare, verschlagene Vorgehensweise, um an etwas zu kommen, was man begehrt. Sicherlich ist das auch Ihre Vorstellung, nicht wahr? Tatsächlich ist dieses Thema um einiges komplizierter und lässt sich nicht nur schwarzsehen, denn nicht alle Arten der Beeinflussung sind gleich schlecht oder gar völlig verschleiert.

So können Sie beispielsweise Ihre erwünschten Absichten offenlegen und Ihrem Gesprächspartner ohne Umwege sagen, was Sie wollen. Somit würden Sie transparent handeln, da Ihre Absichten klar erkennbar sind.

Sicherlich ist Ihnen der Begriff, etwas durch die Blume zu sagen, bekannt. Wenn Sie Ihr Ziel mit dieser Vorgehensweise erreichen wollen, sind Ihre Absichten intransparent, da sie erst mal „entschlüsselt" werden müssen und nicht jeder Ihr Bestreben verstehen wird.

Falls Ihnen etwas durch die Blume zu sagen nicht gefällt oder Sie die Gehirnzellen Ihres Sozialkontaktes beanspruchen wollen, könnten Sie Ihre eigentliche Intention auch mit einer Art Rätsel verschleiern und somit eine getarnte intransparente Absicht kreieren. Leider laufen Sie mit dieser Art der versuchten Manipulation sehr wahrscheinlich Gefahr, dass der, den Sie lenken wollen, nicht auf diese eingehen wird, weil so Ihre Absicht sicherlich nicht verstanden wird.

Jetzt fragen Sie sich sicherlich, was diese transparenten oder intransparenten Absichten überhaupt sind. Das würde ich Ihnen gerne im Folgenden erklären.

WAS SIND TRANSPARENTE UND INTRANSPARENTE ABSICHTEN?

Wie bereits im vorherigen Absatz schon erklärt, sind transparente Absichten für den manipulierten Menschen schnell und gut erkennbar, während intransparente Bestrebungen eher schwer nachzuvollziehen sind.

Jedoch gilt ein transparentes Vorhaben auch erst als transparent, wenn Ihr Gegenüber noch immer die freie Entscheidung hat, ob er sich beeinflussen lässt oder nicht. Andersrum muss bei einer intransparenten Vorgehensweise die zu manipulierende Person dazu gebracht werden, das zu tun, was sie sonst nicht tun würde.

Also können Sie ein Gespräch transparent führen, wenn Sie davon ausgehen, dass Ihr Gegenüber Ihnen die Bitte nicht abschlagen wird. Dies ist gang und gäbe, wenn Sie Ihren Arbeitskollegen zum Beispiel nach einem Stift fragen und er (zumindest manchmal) gewillt ist, Ihnen seinen Stift zu leihen.

Anders ist es bei einem intransparenten Gespräch. Hierbei müssen Sie Ihre eigentlichen Absichten verschleiern, da Ihr Gesprächspartner normalerweise Ihrem Willen nicht nachgibt. Angenommen das ist der Fall, aber Sie sehnen sich nach körperlicher Nähe, so könnten Sie unter Tränen sagen, dass es Ihnen im Moment sehr schlecht geht, obwohl das noch nicht einmal der Wahrheit entsprechen muss. Hierbei wäre Ihr Appell, dass Sie gerne umarmt werden würden, aber Sie wissen auch, dass Ihr Gegenüber das nur aus Mitleid tun würde. Er tut das also nicht nur für Sie, sondern auch für sich selbst, denn in dem Augenblick, in dem er Mitleid empfindet, umarmt er Sie und tut etwas Gutes für jemand anderen. Wenn er was für Sie tut, dann versucht er so, nur sein Ansehen bei Ihnen (und allen anderen, die Sie beide so sehen) zu steigern. Ergo, Ihr Gegenüber *muss* Sie umarmen.

Aber wodurch wird die Nutzung von einer intransparenten Strategie hervorgerufen?

Meistens haben Menschen, die durch Intransparenz ihre Ziele erreichen wollen, negative Erfahrungen mit transparentem Handeln gemacht. Häufig sind die zwei folgenden Aspekte Auslöser einer nicht transparenten Absicht:

1. Wenn das Umfeld nicht auf die transparente Handlung reagiert. Diesen Aspekt lernen viele schon in Kindheitstagen, wenn das Kind fragt, ob es eine bestimmte Süßigkeit beim Einkaufen haben darf und die Eltern es ignorieren. Die fehlende Reaktion löst bei vielen Kindern aus, dass sie mit einer transparenten Handlung nicht an ihr Ziel kommen (auch wenn sie sich das nur unterbewusst klarmachen).
2. Wenn das Umfeld negativ reagiert. Stellen Sie sich vor, dass dasselbe Kind wenig später mit seinem Vater spielen will, aber dieser beschäftigt ist und dem Kind nur sagt, dass es ihn in Ruhe lassen soll, weil es stört. Aus diesem Verhalten resultiert dann, dass das Kind denkt, dass es seine Ziele nur durch Manipulation erreichen kann.

Jetzt wissen Sie auch, was transparente und intransparente Absichten sind und Ihnen wird natürlich auch aufgefallen sein, dass Sie beides tagtäglich nutzen, egal ob Sie privat oder beruflich unterwegs sind. Aber wussten Sie auch, dass Sie unterbewusst auch positive Manipulation Ihr ganzes Leben schon verwenden?

WANN SPRICHT MAN VON POSITIVER, WANN VON NEGATIVER MANIPULATION?

Sie wissen bestimmt was ein Image ist, falls nicht möchte ich es hier noch einmal kurz erklären. Ein Image ist das Bild, das sich ein Einzelner von einem anderen oder einer Sache macht, wir reden also über eine feste Vorstellung vom Charakter oder von der Persönlichkeit. Da ist es doch fast kein Wunder, dass man sich ein Image über den positiven oder den negativen Gebrauch der Beeinflussung generieren kann.

Dabei hat ein positives Image durch Manipulation eine ganz andere Bedeutung, als wir eigentlich unter einem guten Image verstehen. Wenn Sie ein solches Bild von einer Person haben, dann denken Sie wahrscheinlich positiv über die andere Person. Jedoch ist bei einem positiven Image, das durch die Beeinflussung generiert wurde, *nicht* das Bild über einen anderen gemeint, sondern die Vorstellung, die der Manipulant von sich selbst hat.

Wenn jemand beispielsweise den Wunsch nach Anerkennung verspürt, wird dieser von sich selbst immer behaupten, wie toll oder intelligent er ist.

Dabei wäre der Appell, den er an andere aussenden würde: „Du musst mich auch toll finden, weil ich so intelligent bin, deswegen kannst du mich nicht kritisieren!".

Bestimmt kennen Sie auch solche Leute, die durch diese Form des selbst kreierten „positiven" Images versuchen, möglichst viel Aufmerksamkeit zu erhaschen. Verstehen Sie mich nicht falsch, natürlich ist es gut, ein wenig selbstbewusst aufzutreten, jedoch kann man das, in einem gewissen Ausmaß, auch übertreiben. Falls Sie an dieselben Leute, an die Sie vorhin gedacht haben, jetzt auch wieder denken müssen, dann empfinden Sie diese wahrscheinlich als selbstverliebt oder egoistisch. So geht es nicht nur Ihnen, sondern ganz bestimmt sogar auch vielen anderen Menschen, die mit „selbstverliebten" Leuten zu tun haben und weil eben so viele Menschen von dieser Art genervt sind, wird die Form eines positiven Images durch Manipulation anderer eher selten verwendet.

Daher werden Sie bei dem Wunsch nach Unterstützung versuchen, mit einem negativen Image zu punkten. Stellen Sie sich doch nur mal vor, Sie müssen zu Hause noch Gartenarbeit erledigen, aber Sie haben keine Lust, weil Ihr Arbeitstag so stressig und daher anstrengend war, da würde es sich doch anbieten, den Partner zu dieser Hausarbeit zu überreden. Natürlich würden Sie nicht prompt sagen, dass Sie keine Lust haben, Ihre häuslichen Pflichten zu erfüllen, sondern eher etwas in die Richtung sagen wie: „Kannst du mir nicht dabei helfen? Du weißt doch, ich schaffe es nicht allein, die schweren Säcke mit Blumenerde zu tragen." Bei diesem Appell an Ihren Partner würden Sie ganz klar aussenden, dass Ihnen geholfen werden muss, weil Sie ohnehin schon überlastet sind.

Ziemlich sicher haben Sie diese Art der Manipulation, indem Sie sich schlechter reden als Sie sind (deswegen ja auch ein negatives Image erschaffen), unterbewusst in einem ähnlichen Szenario genutzt. Allerdings sollten Sie nicht zu oft ein schlechtes Image von sich selbst schaffen, da dies, auch wenn es die häufigste Art der Überredung ist, nach einer längeren Zeit immer dem manipulierten Menschen auffällt und er sich nicht mehr beeinflussen lassen will. In diesem Fall würde Ihr Gegenüber selbst Strategien entwickeln, um die Manipulation zu unterbinden, dazu aber später mehr, wenn ich Ihnen die

Folgen der Manipulation ausführlich erklären werde.

Jetzt haben Sie also gelernt, dass Sie *nie* einseitig manipulieren sollten, sondern Ihr Image auch mal positiv oder negativ auslegen müssen, um den erwünschten Effekt (nämlich das Überreden eines andern zu etwas) aufrechterhalten zu können, ohne Ihre zwischenmenschliche Beziehung zu gefährden.

Nun bleibt noch die Frage offen, ab wann Manipulieren gut oder schlecht ist.

Generell lässt sich sagen, dass eine Beeinflussung, der eine positive Absicht zu Grunde liegt, Teil des normalen Gebens und Nehmens in einer gesunden zwischenmenschlichen Beziehung ist. Wenn man von dieser Art der Manipulation spricht meint man also, jemanden zu etwas zu überreden oder jemanden zu überzeugen. Zum Beispiel wäre es eine positive Manipulation, wenn Sie einen Freund überzeugen würden, dass es besser für ihn wäre, wenn er mit dem Rauchen aufhören würde. Sie meinen es ja nur gut mit Ihrem Freund und wollen ihn vor schwerwiegenderen Problemen, die das Rauchen so mit sich bringt, schützen. Ihre Absicht hinter dieser Manipulation war also nur gut gemeint.

Wohingegen negative Manipulation natürlich das komplette Gegenteil darstellt. Wenn Sie jemanden zu etwas überreden würden, was seine Rechte und Interessen verletzen oder beeinträchtigen würde, dann redet man von einer Manipulation mit negativen Folgen. Falls Sie Ihren Freund zum Rauchen verleiten würden, obwohl Sie wissen, welche gesundheitlichen Probleme daraus resultieren würden, dann sind Ihre Absichten logischerweise schlecht. Glücklicherweise wird in einem Freundeskreis selten in dieser Weise manipuliert (wenn das doch der Fall ist, würde ich vorschlagen, dass Sie sich andere Freunde suchen), dafür wird aber in der Geschäftswelt die Manipulation verwendet, um sich finanzielle Vorteile oder Machtvorteile zu sichern.

WIE FUNKTIONIERT MANIPULATION UND WO WERDEN SIE MANIPULIERT?

Wie Sie in diesem Buch bis jetzt gelernt haben, bedeutet Manipulation, dass Sie jemanden dazu verleiten, etwas zu tun, was er sonst nicht tun würde. Davon können Sie rückschließen, dass eine Beeinflussung eine Verleitung zu einer bestimmten Entscheidung ist. Ob Sie diese Entscheidung später bereuen werden, hängt von dem jeweiligen Sachverhalt ab.

Wenn diese Verleitung Ihnen nicht in irgendeiner Hinsicht schadet, sei es finanziell oder zwischenmenschlich, sind Sie eher dazu geneigt, Ihre Entscheidung nicht zu bereuen. Im Kontrast dazu steht wohl oder übel, dass, wenn Sie in irgendeiner Hinsicht geschädigt wurden, Sie Ihre Entscheidung garantiert bereuen werden.

Um diese Theorie kurz zu veranschaulichen, hätte ich gerne, dass Sie sich vorstellen, dass Sie gerne ein neues Auto hätten. Daher gehen Sie zu einem Autohändler und lassen sich von einem der Mitarbeiter „beraten". Sie beschreiben dem besagten Mitarbeiter, dass Sie gerne ein relativ kostengünstiges Auto hätten und er zeigt Ihnen ein paar passende

Modelle. Sie sind begeistert von einem Auto für 8.897 Euro, doch bevor Sie den Kaufvertrag unterschreiben, macht der Autohändler Ihnen noch ein paar „günstige" Angebote für zusätzliches Inventar, was Sie natürlich annehmen und schlussendlich müssen Sie mehr als 12.000 Euro für Ihren neuen Flitzer hinblättern. Glücklich über den guten Deal fahren Sie nach Hause und setzen sich dort vor Ihren Computer, doch was ist das? Kurz nachdem Sie im Internet etwas gesurft haben, finden Sie bei einem anderen Anbieter Ihr neues Auto mit all dem Schnickschnack, den Sie hinzugekauft haben, für nur 10.000 Euro. Würden Sie sich ärgern? Wahrscheinlich schon.

Ein Beispiel für eine weitere Beeinflussung, die Sie finanziell aber nicht so hart treffen würde, wäre, wenn Sie mit Ihrem Kind an der Kasse im Supermarkt stehen würden. Bestimmt ist Ihnen schon einmal aufgefallen, dass an den meisten Kassen noch mal Süßigkeiten zu finden sind, die man einfach einzeln auf das Warenband legen kann, ohne die ganze Packung kaufen zu müssen. Diese Süßigkeiten liegen da natürlich nicht ohne Grund, sondern wurden strategisch gut dort platziert, denn wenn Ihnen die

Süßigkeiten aufgefallen sind, sind Sie Ihren Kindern wahrscheinlich schon vorher ins Auge gefallen. Was tut Ihr Kind also logischerweise, wenn es vorher die ganze Packung nicht haben durfte und jetzt die Chance besteht, wenigstens einen Schokoriegel zu erhalten? Genau, es fängt an zu quengeln und zwar so lange bis Sie der Manipulation Ihres Kindes nachgeben.

Tatsächlich geht es vielen Eltern so, den meisten ist es auch sehr unangenehm, wenn das Kind plötzlich vor Fremden anfängt zu jammern und nicht mehr aufhören will, da ist es natürlich ein Leichtes, dem Kind einfach seinen Willen zu geben. Außerdem würde Sie der Verlust des Geldes, um Ihr Kind ruhigzustellen, finanziell nicht so hart treffen wie in dem Beispiel mit dem Auto.

Bei dem vorherigen Beispiel ist nicht nur die Verleitung durch den Laden und die Einrichtung gegeben, sondern es findet noch eine aktive Manipulation von der Seite Ihres Kindes statt, die durch eine andere Manipulation ausgelöst wurde. Das hört sich jetzt vielleicht komplizierter an als es in Wirklichkeit ist. Im Allgemeinen können Sie sich merken, dass es zwei Arten von Manipulationstechniken gibt, die ich

Ihnen beide in den zwei Beispielen schon vorgestellt habe:

1. „Angeborene“ Manipulationstechniken, die jeder unterbewusst vollzieht, wie in dem Beispiel mit dem Kind.
2. „Neu erlernte“ Manipulationstechniken, die jemand aktiv einsetzt, um einem anderen zu schaden, wie in dem Beispiel mit dem Autohändler.

Daraus kann man schließen, dass es in der Natur des Menschen liegt, dass einen jede Information beeinflusst, die man aufnimmt und verarbeitet. Wenn ich Ihnen also sage, dass Sie sich eine Katze mit einer Weihnachtsmannmütze vorstellen sollen, werden Sie sich sehr wahrscheinlich auch noch später an dieses Bild erinnern, das liegt daran, dass soeben eine neue Verknüpfung in Ihrem Gehirn geschaffen wurde. Durch besagte neue Verknüpfung wird Ihnen dieses Bild immer wieder (zumindest für ein Weilchen) in den Kopf gerufen, wenn Sie nun also über eine Katze lesen, hören oder reden, wird die Katze in Ihrer Vorstellung eine Weihnachtsmannmütze tragen.

Das heißt, dass jeder Einfluss, zum Beispiel das Fernsehen oder auch das Lesen, Spuren in Ihrem aktuellen Wissens- oder Erfahrungsstand hinterlässt und allein durch die Verarbeitung und das Abspeichern von Informationen entsteht Manipulation.

Deshalb verstecken sich in fast allen Verkaufsstrategien gezielte Manipulationen, auch wenn wir die Informationen nicht wollen oder sie versuchen zu ignorieren. Unterbewusst wird das Gehirn sich immer an die zusätzlichen Informationen erinnern und so werden Sie beispielsweise auch die Creme kaufen, die Sie in einer Werbung gesehen haben und die Ihnen verspricht, Sie besonders schön werden zu lassen.

Vor Manipulation schützen

Aus dem zuvor Erlernten haben Sie also erfahren, dass alle Menschen Manipulation im Alltag verwenden, unabhängig von ihrem Alter oder ihrem Geschlecht versuchen sie ihre Ziele zu erreichen und setzen daher, mal mehr, mal weniger, verschiedene Strategien auch unterbewusst ein.

Nun ist es aber auch so, dass Viele neue Arten der Manipulation beherrschen, also Strategien der Beeinflussung, die man extra erlernt, um anderen zu schaden. Daher müssen Sie erst einmal wissen, wie Manipulation funktioniert, da dies auch gleichzeitig der einzige Schutz gegen sie ist.

SO WENDEN SIE MANIPULATION AN

Beginnen wir also mit den Grundlagen der Manipulationstechniken, da Sie diese erst einmal beherrschen müssen, um die Techniken zu perfektionieren.

Die Grundlagen

Um Manipulationstechniken in Ihrem Alltag anzuwenden, ist es notwendig, dass Sie einige grundlegende Fähigkeiten entwickeln, um Ihre Ziele und Ideen bei anderen Menschen durchzusetzen.

Die Fähigkeiten, die Sie gegebenenfalls verbessern müssen, erscheinen für Sie vielleicht logisch oder vielleicht auch nicht, aber wir werden die vier folgenden Gruppen noch einmal genauer durchgehen:

1. Sie sollten ein attraktives Äußeres zeigen.
2. Sie sollten über perfekte verbale Kommunikationsfähigkeiten verfügen.
3. Sie müssen beim Sprechen nicht nur auf Ihre verbale, sondern auch Ihre nonverbale Körpersprache

achten.

4. Außerdem wäre es noch gut, wenn Sie mehr über Psychologie und Neurowissenschaften lernen, um andere noch leichter beeinflussen zu können.

Dann würde ich mal sagen, dass wir jetzt zu den genaueren Details, der oben genannten Fähigkeiten, übergehen und mit dem Aussehen starten.

1. Das Aussehen

Was versteht man unter Aussehen konkret und wenn Sie sich jetzt dabei ertappen, wie Sie denken, dass nicht jeder durch seine Erscheinung punkten kann, weil dies eine Frage der Genetik ist, dann seien Sie versichert, dass es hierbei nicht um Ihr Äußeres in diesem Sinne geht. Natürlich ist es ein Leichtes sich zu denken, dass Sie eine bestimmte Person nie manipulieren können, weil dieser Person vielleicht Ihre Nase nicht gefällt, doch das sollte kein Problem darstellen, da wir nun von wichtigeren Dingen sprechen werden, wie zum Beispiel saubere Kleidung oder eine gute Körperhygiene.

Jetzt, wo ich es schon angesprochen habe, würde ich vorschlagen, dass wir mit der grundlegenden Hygiene starten.

Ihre Hygiene sollte bei Manipulationsversuchen an vorderster Front stehen, da wirklich niemand jemanden attraktiv findet, der schlecht riecht oder ein schmuddeliges Äußeres hat. Nur ein Grund weshalb wir mit diesem Punkt starten ist der, dass er von allen vier oben genannten am einfachsten zu erfüllen ist, indem Sie sich einfach regelmäßig duschen, Ihre Haare waschen, die Zähne putzen und ein gutes Parfüm oder Deo tragen, was aber auch nicht zu stark aufgetragen sein sollte, da viele Leute auch empfindlich auf einen zu starken Geruch reagieren und Sie so meiden werden. Außerdem ist es noch wichtig, jeden Tag saubere Kleidung anzuziehen und auch (unglaublich, dass ich das jetzt sagen werde) frische Unterwäsche ist wichtig, die werden Ihre Arbeitskollegen wahrscheinlich nicht sehen, aber es ist wichtig, da saubere Unterwäsche automatisch generieren wird, dass Sie sich wohler fühlen und wenn das so ist, sind Sie sicherlich auch selbstbewusster.

Wo wir schon über Kleidung geredet haben, sollten Sie auch darauf achten, dass Ihnen Ihre Kleidung steht. Wichtig hierbei ist, kleiden Sie sich nicht nach den neusten Trends, denn das ist keine Garantie, dass es auch zu Ihnen oder der Situation passt. Es ist viel besser, sich entsprechend der Situation zu kleiden, sonst bleibt Ihr Outfit im Gedächtnis desjenigen, den Sie manipulieren wollen (wir erinnern uns daran, dass jede Information im Gehirn abgespeichert wird) und führt so dazu, dass er nicht auf Ihr Gesprochenes achtet.

Leider kann ein schlechter Haarschnitt auch den Versuch, mit Ihrer Kleidung zu punkten zunichtemachen, da dies auch die Aufmerksamkeit Ihres Gegenübers auf sich ziehen wird. Daher sollten Sie darauf achten, immer gut frisiert zu sein. Wie auch schon zuvor bei Ihrer Kleidung, sollten Sie darauf achten, dass Ihr Haarschnitt zu Ihnen passt, dafür muss dieser nicht unbedingt im Trend sein. Das Gleiche gilt im Übrigen auch für Ihre Haarfarbe, falls Sie diese färben. Wenn Sie Ihre Haare nicht färben, müssen Sie sich keine Sorgen machen, da Ihre natürliche Haarfarbe Ihnen von Natur aus immer stehen wird.

Doch warum ist Ihr Aussehen überhaupt so wichtig, um jemanden erfolgreich beeinflussen zu können?

Die Antwort darauf ist simpel. Ihr Aussehen ist das Erste, was man von Ihnen registrieren wird, dieser Eindruck ist einer der wenigen, den wir, wenn wir jemanden kennenlernen, auf einem bewussten Niveau stattfinden lassen. Alles andere, wie jemand mit uns umgeht oder mit uns redet, findet unterbewusst statt, deshalb können viele Leute, die jemanden nicht leiden können, meist nicht auf Anhieb sagen, warum sie ihn nicht leiden können. Also können Sie sich sicher sein, dass der erste Eindruck sehr wohl der wichtigste ist und jeder sich sofort mit diesem eine erste Meinung bildet.

Beispielsweise werden attraktive Menschen deswegen als deutlich kompetenter eingestuft, obwohl man noch nicht wirklich etwas über denjenigen weiß, genauso wie korpulentere Menschen als gutmütig, aber langsam empfunden werden. Auch Klischees fließen dabei mit ein, weshalb Brillenträger als intellektueller oder intelligenter durchgehen.

Die menschliche Natur ist nun einmal oberflächlich, daher hat jeder auch gleich diese oder auch weitere Vorurteile, wenn er jemanden das erste Mal kennenlernt, egal, wie sehr man es auch leugnet. Deswegen ist es auch einfacher, jemanden von sich zu überzeugen und irgendwann auch zu manipulieren, wenn man auf sein Erscheinungsbild achtet.

Wichtig hierbei ist es, dass Sie nicht nur beim

ersten Aufeinandertreffen auf Ihre äußere Erscheinung achten sollten. Vielmehr sollten Sie ständig darauf achten, wenn Sie auf diese Person treffen. Ihr erster Eindruck kann nämlich auch wieder ganz schnell zerstört werden, also sollten Sie wirklich noch einmal darüber nachdenken, ob es eine so gute Idee wäre, einen Tag nach dem Einstellungsgespräch bei Ihrem neuen Chef in einer Jogginghose aufzutauchen.

2. Die verbale Kommunikation

Die aktive Anwendung der verbalen Kommunikation ist nichts, was negativ belegt ist, da jeder sie beherrscht und wir sie tagtäglich einsetzen, um anderen etwas mitzuteilen. Verbale Kommunikation ist also nicht nur für die Manipulation zu gebrauchen, umso wichtiger ist es daher, sie perfekt anwenden zu können. Weswegen wir uns nun der Verbesserung Ihrer Kommunikation widmen werden, damit Sie sich geschickt ausdrücken können. Dafür gibt es verschiedene Möglichkeiten, die wir uns jetzt im Detail ansehen werden.

Um Ihre Ausdrucksweise im Allgemeinen zu verbessern und gleichzeitig Ihren Wortschatz zu erweitern, würde sich das Lesen am besten anbieten.

Vom Prinzip her könnten Sie jeden anspruchsvollen Text lesen, sei es ein Roman, Zeitungstexte oder Sachbücher. Zum Glück ist die Welt der Bücher, Texte und Buchstaben nahezu unbegrenzt, von daher werden Sie auf jeden Fall etwas finden, was Ihnen zusagen wird, Hauptsache Sie lesen so viel wie Sie nur können. Außerdem hat das Lesen noch einen entscheidenden Vorteil, und zwar können Sie sich auf diese Art über neue Themen informieren, womit Sie immer einen interessanten Gesprächsstoff parat haben. Dadurch, dass Sie zu vielen Themen etwas sagen können, sind Sie automatisch für eine breitere Masse an Menschen ansprechender, was Sie ebenfalls ideal für Ihre Absichten nutzen können. Generell können Sie sich merken, umso mehr Leute Sie mögen, umso mehr würden hinter Ihnen stehen im Fall, dass ein Manipulationsversuch auffliegen würde.

Eine weitere gute Übung ist das Schreiben, weil Sie so, aktiv, nicht nur an Ihrem Schreibstil, sondern auch an Ihrem Sprachstil arbeiten können. Ich würde Ihnen vorschlagen, um sowohl das Lesen als auch das Schreiben zu trainieren, dass Sie, immer wenn Sie einen Text gelesen haben, dazu etwas schreiben. Aber schreiben Sie das nicht irgendwie, schreiben Sie Ihre Rezession so, als würden Sie den Inhalt des Textes einem anderen erklären. Dabei müssen Sie natürlich auf die richtige Wortwahl achten und solange an Ihrem Text feilen, bis er Ihnen verständlich und schlagkräftig zugleich erscheint.

Nachdem Sie gelesen und geschrieben haben, wird es Zeit, ein paar Sprechübungen einzubauen. Jedoch sollten Sie dies zuerst zu Hause, allein, vor dem Spiegel üben, bevor Sie sofort versuchen, ungeübt, jemanden von Ihrer Meinung zu überzeugen. Wenn Sie vor dem Spiegel stehen, dann sprechen Sie über ein beliebiges Thema, es wäre sogar ratsam, einen Ihrer vorher geschriebenen Texte dafür zu verwenden, da dieser schon weitgehend ausgearbeitet wurde und Sie sich nicht so auf Ihre Ausdrucksweise konzentrieren müssen. Denn in diesem Schritt ist es wichtig, sich selbst im Spiegel zu beobachten und so festzustellen, ob Ihnen etwas nicht gefällt. Nachdem Sie diese kleinen Fehler auch verbessert haben, können Sie dazu übergehen, sich eine Unterhaltung zwischen sich und Ihren Opponenten vorzustellen. Am besten sprechen Sie dabei über ein Thema, worüber Sie tatsächlich vorhaben, zu reden, so sind Sie für das reale Gespräch, auch wenn das nicht eins zu eins so ablaufen wird wie in Ihrer Übung, gewappnet.

Außerdem ist es bei einem Gespräch nicht nur wichtig was Sie sagen, es ist auch wichtig wie Sie es sagen, daher sollten Sie auch auf Ihren Ton achten. Dafür sollten Sie sich Ihre Stimme wie eine Art „verbale Waffe" vorstellen, mit der Sie Ihren Worten Nachdruck verleihen. An dieser Stelle würde ich Ihnen vorschlagen, eine Ihrer zuvor am Spiegel geprobten Unterhaltungen aufzunehmen, um sich diese später anhören zu können. Auf diese Weise können Sie sich selbst hören und an manchen Stellen etwas korrigieren. Achten Sie bitte darauf, dass Ihre Stimme nicht zu viele Emotionen übermittelt, aber zu monoton sollten Sie dabei auch nicht klingen. Darüber hinaus sollten Sie nicht zu laut und nicht zu leise klingen, denn zu lautes Sprechen lässt Sie aggressiv wirken, währenddessen, wenn Sie zu leise sprechen, kommen Sie nicht selbstbewusst genug rüber.

Des Weiteren können Sie auch, wenn Sie mögen, einen Kurs besuchen, um Ihre rhetorischen Fähigkeiten zu verbessern. Hierfür würde sich das Buchen eines Redecoaches oder ein Seminar für Rhetorik anbieten.

Jetzt wo wir hinlänglich über die Verbesserung Ihrer verbalen Kommunikation geredet haben, können wir uns nun den verschiedenen Kommunikationsstilen widmen und wie Sie sie am besten anwenden.

Letztendlich ist es so, dass jeder, auch Ihr Gegenüber, einen anderen Kommunikationsstil hat. Es geht also darum, dass Sie die verschiedenen Stile kennen, unterscheiden und anwenden können. Prinzipiell gibt es laut Mark Murphy vier verschiedene Stile, die alle ihre Vor- und Nachteile haben und in unterschiedlichen Situationen angewendet werden können.

Kommen wir als Erstes zur analytischen Kommunikation, bei der auf Fakten Wert gelegt wird, da diese klar und ohne Umschweife verstanden werden können. Diesen Stil der Kommunikation finden Sie vor allem da, wo es um Informationsaufbereitung geht. Bei diesem Stil werden also Aussagen verwendet, wie: „Die Wachstumsrate unseres Umsatzes lag im letzten Monat bei 2,4%."

Die Vorteile der analytischen Kommunikation sind daher, dass Sie knappe und klare Aussagen machen, die Sie wie einen Experten auf dem Gebiet aussehen lassen werden. Da Sie mit diesem Stil jedoch ausdrücken, dass Sie kein Interesse an Emotionen haben und eher kalt wirken, werden Sie benachteiligt bei einem Menschen sein, der den persönlichen Stil benutzt.

Für ein großes Projekt mit einer ergebnisorientierten Sichtweise wäre die intuitive Kommunikation am besten. Bei dieser Art der Kommunikation konzentrieren Sie sich nicht auf Details, sondern auf das Große und Ganze. Dementsprechend wäre bei Situationen, in denen Details wichtig sind, dieser Stil fehl am Platz, für solche Situationen müssten Sie den funktionalen Stil anwenden. Dafür können Sie sich mit dem intuitiven Stil schnell verständigen.

Im ersten Augenblick ähnelt der funktionale Kommunikationsstil dem analytischen. Im Unterschied zu diesem achtet man nun auf jedes Detail bei Informationen. Sie verwenden Ihn also, wenn es notwendig ist, konkrete Abläufe zu beschreiben, wie es zum Beispiel im Unterricht oder bei der Durchführung eines Projektes der Fall ist. Ein Nachteil dieses Stiles ist, dass Sie Ihr Publikum wahrscheinlich schnell langweilen werden, da Sie wirklich jeden kleinsten Schritt bei diesem Kommunikationsstil erläutern.

Falls Sie eine tiefe Beziehung mit Ihrem Gegenüber eingehen wollen, dann wäre der persönliche Stil eher etwas für Sie. Durch die persönliche Kommunikation werden über Emotionen die persönlichen Gefühle einer Person miteinbezogen, wodurch Sie die Beweggründe einer Person entdecken werden. Dennoch sollte Ihnen bewusst sein, wenn Sie diesen Stil anwenden, dann werden Sie sehr wahrscheinlich irgendwann emotional beeinflusst, wodurch Sie schnell als eine Art „Gefühls-Boxsack“ missbraucht werden könnten.

Haben Sie schon erkannt, welchen der verschiedenen Kommunikationsstile Sie selbst üblicherweise gebrauchen? Natürlich muss Ihnen das nicht sofort klar sein, achten Sie einfach das nächste Mal, wenn Sie mit Freunden oder Arbeitskollegen reden, auf Ihren Stil und arbeiten Sie daraufhin, auch die anderen Kommunikationsstile zu verwenden. Gelegentlich ändern Sie Ihren Stil auch jetzt schon, da Sie sicherlich mit Ihren Freunden intuitiv anders reden werden als mit Ihrem Chef.

3. Nonverbale Kommunikation

Als Nächstes werden wir an Ihrer nonverbalen Kommunikation arbeiten, wozu nicht nur Ihre Körpersprache zählt, sondern auch Ihre Gestik, Mimik und Ihr Auftreten. Ich würde vorschlagen, zuerst mit Ihrem Auftreten zu beginnen.

Das Auftreten

Wenn Sie bei einer Person besonders gut ankommen wollen, müssen Sie kurzum charismatisch sein und einen guten ersten Eindruck hinterlassen, um in Ihrem beruflichen und privaten Leben erfolgreich zu sein. Charismatisch zu sein bedeutet, in erster Linie dafür zu sorgen, dass die Menschen sich in Ihrer Nähe wohlfühlen und gerne Zeit mit Ihnen verbringen.

Eine der einfachsten Möglichkeiten, um dies zu erzielen, ist es, Ihren Mitmenschen zu zeigen, dass Sie sich wirklich für sie interessieren. Das muss zwangsläufig noch nicht mal stimmen, aber mit ein paar einfachen Tricks können Sie es zumindest so aussehen lassen, dazu gehören einfache Dinge, wie zum Beispiel, dass Sie in einem Gespräch immer Augenkontakt halten oder Sie erkundigen sich nach den Interessen und dem Leben Ihres Gegenübers.

Außerdem sollten Sie andere von sich begeistern können, da man sich Sachen besser merken kann, wenn es von einer Person gesagt wurde, die man gut leiden kann oder von der man fasziniert ist. Das Wichtigste ist daher, Gefühle bei einer Person hervorzurufen, was wiederum bedeutet, dass sich die Leute daran erinnern werden, ob Sie Ihnen positiv oder negativ begegnet sind.

Darum müssen Sie eine positive Ausstrahlung besitzen, da Sie sie ohnehin bei allen beliebt machen wird. Außerdem sollte es Ihnen ein leichtes sein, selbstsicher aufzutreten, denn wenn Sie sich sicher damit fühlen, was Sie tun und wie Sie es tun, werden alle anderen dasselbige von Ihrer Kompetenz denken.

Die Körperhaltung

Die Körperhaltung ist eine begleitende Erscheinung des Auftretens und daher essentiell so wichtig wie eine gute Kommunikation, die ohne Körperhaltung, Gestik und Mimik nicht auskommen würde. Doch bleiben wir im Moment bei Ihrer Körperhaltung.

Eine gute Haltung einzunehmen haben wir schon von klein auf gelernt, als unsere Eltern uns immer ermahnten, dass wir gerade sitzen und uns aufrecht halten sollen. Doch wer hält sich da wirklich noch dran? Dabei ist es so wichtig, aufrecht zu stehen oder zu sitzen.

Falls Sie einen Beruf ausüben, in dem Sie viel sitzen, dann ist Ihnen bestimmt Folgendes aufgefallen: Wenn Sie gerade sitzen ist das nach einer Weile irgendwann relativ unbequem und man rutscht automatisch in eine „bequemere" Sitzhaltung, die dann irgendwann unangenehme Rückenschmerzen hervorruft. Ich gebe zu, dass es schwierig ist für längere Zeit auf eine aufrechte Sitzposition zu achten, aber es ist dennoch wichtig, um sich die Rückenschmerzen zu ersparen.

Und so sollten Sie es im Allgemeinen mit der Körperhaltung betrachten. Denn, wenn die Haltung nicht stimmt, tut es irgendwann weh und das äußert sich nicht nur in unangenehmen Rücken- oder Nackenschmerzen.

So spiegelt eine gute Körperhaltung einen starken Charakter wider. Daher sollten Sie bei allem was Sie tun auf Ihre Haltung achten, egal ob es beim Gehen, Essen, Stehen, Sitzen oder Aufstehen ist.

Die Gestik und die Mimik

Wie ich bereits vorhin einmal kurz angerissen habe, ist die Gestik Bestandteil einer gut funktionierenden Kommunikation, denn wenn wir keine oder eine falsche Gestik verwenden, irritieren wir unser Gegenüber nur damit. Es kommt zu einer fehlerhaften Kommunikation, die sich glücklicherweise leicht vermeiden lässt.

Gestik wird häufig verwendet, um dem Gesagten Nachdruck zu verleihen. Ganz besonders gut können Sie das bei politischen Reden beobachten. Hierbei könnte der Redner seine Faust in die Luft heben, um sein Publikum zu etwas aufzufordern oder er zeigt mit einem Finger auf sein Publikum, womit er direkt adressieren will.

Dies könnten Sie auch bei Ihrer Gestik tun, aber bedenken Sie, dass die beiden eben genannten Beispiele nur während einer Rede funktionieren. Daher bitte ich Sie darum, andere Gesten für ein Vieraugengespräch zu verwenden, da diese schnell aggressiv wirken.

Bei Ihrer Mimik ist es dasselbe Spiel. Wenn Sie eine unpassende Mimik verwenden, dann kann es zu einer fehlerhaften Kommunikation kommen, daher sollten Sie Ihre Mimik der Situation anpassen. Es wird eigentlich immer gerne gesehen, wenn Ihre Mimik etwas Positives ausstrahlt, das lässt Sie charmant wirken. Logischerweise sollten Sie bei einem traurigen Thema ein Lächeln vermeiden, da Sie sonst als unhöflich gelten könnten.

4. Lernen Sie mehr über Psychologie

Es ist essentiell wichtig zu verstehen, wie der menschliche Verstand funktioniert, um jemanden erfolgreich zu manipulieren. Daher würde ich Ihnen empfehlen, noch zusätzliches Material zu lesen zu den Themen Psychologie und Neurowissenschaften, da ich Ihnen nur einige wenige, aber sehr wichtige Beispiele der psychologischen Manipulation vorstellen werde.

Schuldgefühle

Kennen Sie es nicht, Ihr Partner schenkt Ihnen wieder zu wenig Aufmerksamkeit oder Sie wollen unbedingt diesen einen Film sehen, aber Sie wissen ganz genau, dass Ihr Partner sich dagegen sträuben wird? Wie wäre es denn, wenn Sie ganz am Rande erwähnen, wie viel Sie für ihn oder für sie immer tun und Sie doch nur einmal etwas im Gegenzug haben möchten.

Folglich wird Ihr Partner dazu gezwungen, über Ihre Worte nachzudenken und er oder sie wird sich automatisch nur an die Dinge erinnern, die Sie für ihn oder sie getan haben. Das rührt daher, dass unser Gehirn selektiv arbeitet und somit nur Erinnerungen herausfiltern wird, in denen Sie etwas für Ihren Partner getan haben. Dabei werden die Erinnerungen, was er oder sie alles schon für Sie getan hat nicht abgerufen, da sie letztendlich in diesem Moment nicht wichtig für das Gehirn sind.

Sie sehen also, dass Schuldgefühle ein effektiver Weg sind, um Ihren Partner (folglich auch fast jeden anderen) dazu zu bringen, etwas für Sie zu tun.

Die Foot-in-the-door -Technik

Diese Art der psychologischen Manipulation kennen Sie sehr wahrscheinlich schon, auch wenn Sie sie bisher nur unterbewusst verwendet haben.

Bei der Foot-in-the-door-Technik müssen Sie zuerst immer um einen kleinen Gefallen bitten, den man Ihnen nicht abschlagen wird. Wenn Ihr Gesprächspartner Ihren Gefallen ausführt, haben Sie schon einen Fuß in seiner Tür, was Sie zugleich ausnutzen müssen und um einen größeren Gefallen bitten, der Ihnen vorher mit Sicherheit verwehrt geblieben wäre.

Welche psychologischen Erkenntnisse dahinterstehen, lässt sich unkompliziert so erklären: Dadurch, dass Ihnen ein erster Gefallen erfüllt wurde, fühlt sich Ihr Gegenüber hilfreich, was ihn mehr oder weniger dazu verpflichtet, seinem neu kreierten Selbstbild zu entsprechen. Auf Grund seines daraus resultierenden Selbstbildes wird er Ihnen Ihren zweiten Gefallen auch nicht ausschlagen, jedoch sollten Sie diesen Zustand sofort ausreizen, da er nicht allzu lange andauern wird.

Die Door-in-the-face-Technik

Diese Methode funktioniert genau umgekehrt zu der vorigen. Deswegen beginnen Sie also mit einer sehr großen Bitte, die Ihr Gesprächspartner auf jeden Fall ausschlagen wird. Da Sie ihm also im wahrsten Sinne des Wortes die Tür ins Gesicht schlagen sollen, müsste Ihre Bitte etwas Übertriebenes, Fragwürdiges oder einfach nur Ungewohntes sein. Danach bitten Sie erneut um etwas, aber dieses Mal muss es etwas Kleines sein, damit Ihr Gegenüber auch auf jeden Fall darauf eingehen wird.

Stellen Sie sich vor, Ihr Kind hat schlechte Noten

im Französischunterricht, daher bitten Sie es darum, jeden Tag zwei Stunden für die nächste Klausur zu lernen. Natürlich wird Ihr Kind dies ablehnen, weil es sich um eine absurd hohe Stundenzahl pro Wochentag handelt. Als Nächstes bitten Sie Ihr Kind also darum, zumindest jeden zweiten Tag eine Stunde zu lernen, was es wahrscheinlich annehmen wird, weil es Ihnen gegenüber sonst ein schlechtes Gewissen bekommen würde.

Die Angstfalle

Jemanden unter Angst zu setzen gibt es bei vielen verschiedenen Manipulationsarten, da sich generell Gefühle und besonders die Furcht gut eignen, um jemanden unter Druck zu setzen.

Diese Angst kann durch einfache Phrasen hervorgerufen werden, wie zum Beispiel: „Es wird zu spät sein, wenn Sie nicht rechtzeitig handeln."

Leider lassen wir uns nur viel zu schnell von unseren Emotionen mitreißen, besonders wenn wir ohnehin schon unter Zeitdruck stehen und jemand uns gegenüber all die negativen Konsequenzen ausmalt, die durch unser verzögertes Handeln entstehen.

Das Pacing oder auch das Spiegeln

Pacing ist eine bekannte Technik, Ihnen bestimmt auch geläufig, die aus der Neurowissenschaft kommt und sich mit der Ähnlichkeit, also dem Spiegeln, beschäftigt. Hierbei schaffen Sie ein Spiegelbild Ihres Gegenübers. Diese Anpassung kann auf unterschiedliche Weisen vollzogen werden:

Am häufigsten werden die Körperhaltung sowie die Mimik, Gestik und Emotionen übernommen. Sie können aber auch die Stimmhöhe oder Wortwahl Ihres Gegenübers imitieren. Das heißt, wenn Ihr Gesprächspartner ein Wort verwendet, das eigentlich nicht üblich ist, müssen Sie es ab nun auch benutzen. Ein simples Beispiel wäre, dass man im Osten Deutschlands Buletten und im Westen Deutschlands Frikadellen sagt, gemeint ist aber dasselbe Lebensmittel.

Wenn Ihnen so kleine Details im Wortschatz Ihres Gegenübers auffallen, sollten Sie sie auch in Ihren Wortschatz miteinbeziehen, weil Sie so ein vertrauensvolleres Verhältnis aufbauen können.

Nichtsdestotrotz sollten Sie das Pacing nicht zu stark verwenden, ansonsten entsteht der Eindruck, dass Sie sich über Ihr Gegenüber lustig machen würden.

SO ERKENNEN SIE MANIPULATION UND WEHREN DIESE AB.

Natürlich gibt es eine endlose Liste an verschiedenen Manipulationstechniken und ich bin bemüht, Ihnen so viele wie möglich vorzustellen, weswegen die folgende Liste, in der Sie auch immer ein begleitendes Beispiel finden werden, ziemlich komplex ist, aber noch lange nicht alle Techniken abdecken wird. Einige der Methoden, die ich Ihnen vorstellen möchte, sind eher subtil, andere hingegen sind recht offen. Während Sie die Liste durchgehen, müssen Sie sich immer im Klaren darüber sein, dass ein Manipulator darauf erpicht ist, die Kontrolle zu behalten. Daher wird er auch alles daransetzen, dass er noch etwas weiter mit Ihnen „spielen“ kann, weshalb er versuchen wird, Sie emotional weitestgehend einzuschränken.

1. Ihnen werden nur Fragen gestellt.
Natürlich ist Ihr Gegenüber nicht gleich ein Manipulator, nur weil er Ihnen Fragen stellt. Es kann ja auch

sein, dass er oder sie einfach sehr interessiert an Ihren Leben ist. Daher sollten Sie darauf achten, ob Sie „ausgefragt“ werden. Das heißt, dass Ihr Gegenüber Ihnen nur Fragen stellt, Sie aber selbst nie eine persönliche Information zurückbekommen. Wenn das der Fall sein sollte, tun Sie es Ihrem Gesprächspartner gleich und fangen an, ihm oder ihr Fragen zu stellen und wenn das auch nicht hilft, sollten Sie mit jeder seiner Fragen schnell das Thema wechseln.

Häufig wird diese Strategie von Verkäufern angewendet, die Ihnen unbedingt ein Produkt verkaufen wollen und anfangen, Ihnen haufenweise Fragen zu stellen. Dabei sind sie darauf aus, Ihre Schwachstellen auszunutzen.

2. Die Isolation

Diese Strategie findet man häufig in Beziehungen, wobei ein Partner vom anderen soweit von seiner Familie, Freunden und vielleicht auch von der Arbeit abgeschottet wird, dass er oder sie abhängig von seinem oder ihrem Partner wird. Dabei geht der Manipulator so vor, dass der von der Außenwelt isolierte Partner denkt, dass das auch sein oder ihr Wille sei.

Sie sollten also immer darauf achten, dass Ihre Beziehung in einem gesunden Gleichgewicht stattfindet und nicht nur Sie sollten der Part sein, der immer nachgeben muss, um Ihren Partner zufriedenzustellen. Daher müssen Sie lernen aufzuhören, Ihre eigenen Bedürfnisse zurückzustellen oder Ihre Beziehung im schlimmsten Fall zu beenden.

3. Der Überraschungseffekt

Auf die Art der Manipulation können Sie sich nur schwer einstellen und müssen meist mit eigenen, kreativen Lösungen punkten.

Hierbei wird der Manipulator versuchen, psychologische Vorteile Ihnen gegenüber zu haben, was er versucht, durch den Überraschungseffekt zu erlangen. Dadurch, dass Ihnen negative Informationen erst in letzter Sekunde geliefert werden, sind Sie dazu gezwungen, Zugeständnisse zu machen.

Wir reden also von Informationen, bei denen es sehr wichtig wäre, diese so früh wie möglich zu erhalten. Zum Beispiel würden Sie erst kurz vor Beginn der Fertigung bei einem Projekt, welches wichtig für Ihre Karriere ist, erfahren, dass Ihr Hauptlieferant nicht rechtzeitig liefern wird.

4. Phrasen

Hiermit meine ich nicht irgendwelche beliebigen Phrasen, sondern jene, die eine von Ihnen eingeleitete Veränderung im Keim ersticken. Mit diesen Phrasen wird vergleichsweise ausgedrückt, dass etwas gut ist, weil es schon immer so gehandhabt wurde. Außerdem wird diese Manipulationsstrategie auch verwendet, um eine Person herabzusetzen.

Es gibt endlich viele dieser Phrasen und Sie müssen Sie erkennen, doch glücklicherweise ist das zumeist ziemlich einfach. Sie sollten diese nicht ohne Weiteres akzeptieren, sondern hartnäckig an der Sache bleiben und Ihrem Manipulator zeigen, dass Sie sich so nicht unterkriegen lassen und dass Sie einige effektive Wege kennen, das Problem anderweitig zu lösen. Womit Sie nicht nur charakterstark wirken, sondern auch selbstsicher, was Ihren Manipulator abschrecken wird und ihm zeigt, dass er mit Ihnen kein leichtes Spiel hat. Womöglich ernten Sie auf diesem Weg auch Anerkennung von ihm.

5. Häufige Wiederholungen

Vor allem gerne in der Werbung angewandt, akzeptieren wir Dinge eher, je öfter wir sie hören, weil sie uns so bekannter vorkommen. Klingt für Sie nach Gehirnwäsche, ist es auch! Nicht nur Werbespots werden häufig wiederholt, damit wir uns die beworbene Firma oder das beworbene Produkt besser einprägen und danach auch unterbewusst kaufen werden, auch im Alltag benutzen wir Wiederholungen, um uns Dinge besser zu merken. Daher werden wir uns Dinge beim Lernen viel besser merken können, wenn wir sie nur oft genug wiederholen.

Die Wiederholung lässt sich auch als Taktik anwenden, um die Meinung eines anderen zu sabotieren. Hierfür müssen Sie schlichtweg in einer Diskussion Ihre Meinung immer wieder aufs Neue wiederholen, wobei Sie jedes Mal die Formulierung ein klein wenig verändern sollten. Ihr Gegenüber wird denken, dass Ihre Meinung richtig oder einfach besser ist als seine eigene.

Auch wenn Sie denken, dass Sie sich von der Werbung nicht so beeinflussen lassen, würde ich Ihnen ans Herz legen, von nun an Ihr Konsumverhalten mit der laufenden Werbung abzugleichen, also überall, wo Sie mit Werbung konfrontiert werden, sei es beim Fernsehen, Radio hören, in sozialen Netzwerken oder auch bei sogenannter Pop-up-Werbung. Sie werden überrascht sein, wie sehr Sie schon beeinflusst wurden. Ich rate Ihnen also, sich beim Einkaufen Zeit zu nehmen und zum Beispiel Inhaltsstoffe oder den Preis von verschiedenen Produkten zu vergleichen. Ich bin mir sicher, dass Sie ein genauso gutes oder auch besseres Produkt finden werden wie in der Werbung.

6. Der Wettbewerb

„Wer von euch beiden das bessere Zeugnis hat, darf aussuchen, wohin es in den Urlaub geht", wahrscheinlich kennen Sie diesen Satz oder einen ähnlichen aus Ihrer Kindheit oder Sie wenden es bei Ihren Kindern an. Tatsächlich wird die Strategie des Wettbewerbes bei der Kindererziehung verwendet, um diese zu erleichtern.

Eine der daraus resultierenden negativen Folgen ist die, dass das Zusammenleben mit Ihrer Familie beeinträchtigt werden kann, da es bei Ihren Kindern, vorausgesetzt Sie haben zwei oder mehr, so immer eine Aufteilung in Gewinner und Verlierer geben wird.

Wenn Sie Ihre Kinder also dazu animieren wollen, bessere Noten nach Hause zu bringen, sollten Sie beide Kinder belohnen und das „schlechtere" Kind nicht komplett außen vor lassen, sonst denkt Ihr eigenes Kind, dass Sie es vielleicht weniger lieben. Das wollen Sie doch bestimmt nicht. Daher sollten Sie die Geschwisterrivalität nicht noch unterstreichen, sondern das harmonische Miteinander unterstützen.

7. Das intellektuelle Mobbing

Einige Menschen lieben es, auf einem bestimmten Gebiet, wie ein Experte zu wirken, daher werden Sie von solchen Leuten in einem Gespräch auch mit Zahlen, Fakten und Daten bombardiert, dabei achten sie darauf, nur über Themen zu sprechen, bei denen Sie sich vielleicht nicht so gut auskennen. Am häufigsten werden Sie dieses Verhalten wieder bei Verkaufsgesprächen vorfinden.

Im Gegensatz zu Verkäufern führen Manipulatoren auf diese Weise mit Ihnen ein Gespräch, um intellektueller und somit überlegener, als Sie es sind, zu wirken.

Leider gibt es bei dieser Art der Manipulation nicht wirklich eine Chance sich auf das Gespräch vorzubereiten, wenn Sie es also mit einem

„intellektuellen Mobber" zu tun haben, sollten Sie so viele verschiedene Texte lesen, wie es nur geht. Eine weitere Möglichkeit wäre es zu beobachten, worüber Ihr Manipulator am häufigsten mit Ihnen spricht.

Wenn er oder sie also immer wieder über Motorräder spricht, sollten Sie sich über dieses Thema besonders informieren, um in Ihrem nächsten Gespräch zu glänzen.

8. Die Autoritäten

Wer schmückt sich denn bitte nicht gerne mit seinem Titel, aber ein Manipulator wird Ihnen seinen Doktortitel besonders häufig unter die Nase reiben. Auch wenn er keinen solchen Titel haben sollte, kann er noch immer andere Autoritäten auf dem Gebiet, über das Sie reden, zitieren. Dabei muss sein „Zitat" nicht einmal stimmen, da er oder sie meistens nur über Themen reden wird, bei denen sich fast niemand anders auskennt.

Also sind diese ausgewählten Autoritäten in den seltensten Fällen tatsächlich Experten, sondern meistens vermeintliche Ärzte aus Werbungen oder ausgedachten Forschungsinstituten. Wenn Sie also keinen konkreten Namen hören, sollten Sie Skepsis walten lassen.

Nichtsdestotrotz sollten Sie bei dieser Strategie immer vorsichtig sein und nicht einfach alles glauben, was Ihnen aufgetischt wird. Falls Sie etwas wirklich stark anzweifeln sollten, informieren Sie sich selbst darüber genauer und bauen Sie Ihr neues und korrektes Wissen in einem Gespräch mit dem Manipulator ein, damit er sieht, dass Sie der wahre Experte auf dem Gebiet sind.

9. Nicht die komplette Wahrheit erzählen.

Ganz bestimmt haben Sie diese Strategie auch schon verwendet, wobei Sie nur einen Teil der Wahrheit erzählen, damit Sie keinen Nachteil haben. Viele machen dies auch unterbewusst, weil sie sich denken, dass etwas verschweigen nicht als Lügen zählt. Das stimmt aber nicht. Tatsächlich wird etwas verschweigen auch als Art der Lüge und Unwahrheit angesehen, so berichtet es zumindest Lea Teutenberg von der Universität Mannheim in ihrem Text zum Thema Lügen oder Verschweigen.

Sie sollten also darauf achten, was Ihnen der Manipulator nicht erzählt. Jetzt fragen Sie sich bestimmt, wie Sie das herausfinden sollen. Um ungesagte Informationen zu erhalten, fragen Sie am besten die Leute, die laut dem Manipulator dabei waren.

10. Das Problem minimieren.

Bei dieser Art der Taktik verneint Ihr Gegenüber die Wahrheit in einer speziellen Form, wobei behauptet wird, dass sein oder ihr Verhalten nicht so schlimm war, wie Sie es auslegen. Mit besonderen Aussagen wird er versuchen, seinem Verhalten die Bedeutung zu nehmen und Ihnen die Schuld in die Schuhe zu schieben, da Sie wohl überreagiert hätten.

Die einfachste Lösung für ein solches Problem ist es, Zeugen Ihres vorherigen Gespräches aufzusuchen und deren Meinung darüber zu erfragen. Natürlich müssen der Manipulator und auch weitere Leute das Gespräch mithören.

11. Das Ablenkungsmanöver

Diese Taktik wird von Manipulatoren verwendet, um sich einer Verantwortung schnell zu entziehen. Bei einer solchen Unterhaltung wird darauf gesetzt, Ihnen den Wind aus den Segeln zu nehmen, dabei werden Sie nie eine klare Antwort auf eine Ihrer Fragen bekommen.

Sie sollten also darauf achten, ob Ihr Gegenüber

Ihre Unterhaltung jedes Mal in eine völlig andere Richtung lenkt, wenn er für etwas verantwortlich gemacht wird. Dabei wird der Manipulator auf Ereignisse jeglicher Art aus der Vergangenheit zurückgreifen, wenn er oder sie im Moment nichts gegen Sie in der Hand hat. Meistens sind diese Ablenkungsmanöver zu völlig anderen Themen, weil das aktuelle dadurch quasi abgeschlossen wird und unser Gehirn dazu neigt, Dinge, die nicht beendet wurden, zu vergessen.

Häufig ist diese Art der Manipulation in Beziehungen anzutreffen und wird dann genutzt, wenn der Manipulator einen Fehler gemacht hat. Wenn Sie also Ihren Partner darauf ansprechen, dass Sie schon wieder mehr als zwei Stunden auf ihn oder sie warten mussten bis Sie endlich losgehen konnten, wird Ihr Partner einen Fehler von Ihnen vor drei Jahren erwähnen. Falls Sie darauf eingehen, war die Ablenkung Ihres Partners erfolgreich.

Am besten erkennen Sie die Einleitung eines solchen Ablenkungsmanövers durch Fragen, die vom Thema abweichen. Die häufigste Frage ist hierbei: „Und was war damals, als ...?".

Doch Sie dürfen nicht zulassen, dass Ihr

Gesprächspartner ein neues Thema anspricht, da Sie sonst nur dafür sorgen, dass Ihr Gegenüber glimpflich aus der Situation wieder herauskommt. Weswegen Sie immer wieder zu Ihrem Ausgangspunkt zurückkehren müssen, ein bisschen wie das bei einer kaputten Schallplatte der Fall wäre. Oder Sie benutzten folgende Phrase, um wieder auf das eigentliche Thema zurückzukommen: „Wir haben doch gerade über etwas anderes gesprochen, bitte lenke davon nicht ab."

Damit werden Sie zwar Ihren Manipulator etwas provozieren, also bitte wenden Sie die Phrase nicht an, wenn Ihr Gegenüber aggressiv ist, aber er oder sie wird wahrscheinlich keine weitere Ablenkung einleiten. Einmal auf frischer Tat ertappt zu werden, ist unangenehm genug.

12. Den Unschuldigen spielen.

Ein guter Manipulator wird Ihnen absolute Verwirrung vortäuschen, wenn er eines Fehlverhaltens bezichtigt wird. Dabei wird er darauf achten, dass seine Überraschung so überzeugend ist, dass Sie an Ihrem eigenen Urteil zweifeln werden.

Um dies zu erreichen, wird der Manipulator Ihnen zuerst das Gefühl von Sicherheit vermitteln, indem er eine harmlose Aussage bestätigt, die auf den ersten Blick auch ganz vernünftig erscheint. Daraufhin wird eine weitere Aussage fallen, die in einer Machtprobe enden wird, da dem Manipulator egal ist, wie viel Respekt Sie vor ihm haben, solange andere ihm zustimmen. Es gewinnt also der, der die meisten Leute hinter sich stehen hat.

Üblich hierbei sind provokative Aussagen, nicht nachweisbare Beschuldigungen und verletzende Beschimpfungen. Wenn Sie sich darauf einlassen und das Verhalten Ihres Gegenübers imitieren, wird er oder sie Ihnen nach dem Streit sagen, dass er es nicht so meinte.

Mit gespielter Unschuld wird also darauf abgezielt, Sie zu überrumpeln. Außerdem wird es der Manipulator ausnutzen, wenn Sie sich noch nicht so lange kennen, weil dadurch viele glauben, dass Ihr Gegenüber es wirklich nicht so meinte.

Um sich nicht auf solche Situation einzulassen, sollten Sie voll und ganz auf Ihr Bauchgefühl hören. Versuchen Sie daher etwas Abstand zu Ihrem Gegenüber zu gewinnen, um die Situation irgendwann neu aufzugreifen.

13. Das „Gaslighting"

Der Begriff stammt aus dem Englischen und bedeutet wortwörtlich übersetzt „Gasbeleuchtung" und wurde aus dem Film und auch Theaterstück „Gaslight" übernommen. Auch wenn der deutsche Titel des Filmes lautet: „Das Haus der Lady Alquist", wird der Originaltitel meist behalten, um die Parallelen der Manipulationstechnik und des Filmes zu verdeutlichen.

Beim „Gaslighting" handelt es sich um eine Art des psychologischen Missbrauchs. Wobei der Manipulator die Wahrnehmung der Realität des Opfers durch Verunsicherungen so verformt, dass das Opfer seine geistige Gesundheit in Frage stellt.

Dies wird erreicht durch die systematische Wiederholung oder Behauptung über einen längeren Zeitraum hinweg. Dadurch wird die Wahrnehmung des Opfers in Frage gestellt. Damit die überhaupt Fuß fassen kann, ist es wichtig, dass das Opfer den Manipulator kennt und ihm auch vertraut.

Zusätzlich holt der Manipulator immer noch Dritte mit ins Spiel, die sein Opfer auch kennen muss, um sein Vorhaben zu bestätigen, wobei das Opfer sich automatisch von anderen isoliert.

Dem Opfer werden also Sachen eingeredet. Dies können einfache Dinge sein, wie wenn Ihnen immer und immer wieder gesagt wird, dass Sie etwas Bestimmtes nicht können. Aber auch komplexere Sachverhalte können mit dieser Technik bewerkstelligt werden.

Häufig wird diese Art der Manipulation in Beziehungen benutzt. Zum Beispiel könnte Ihr Partner immer wieder Dinge im Haus umstellen, wie die Post. Wenn Sie dann behaupten, dass Sie die Post woanders hingelegt haben, wird Ihr Partner Ihnen einreden, dass Sie zerstreut sind, um Sie abhängig von ihm oder ihr zu machen.

Sie haben also erkannt, dass Sie an einem Punkt angekommen sind, wo Sie sich fragen, ob Sie wirklich Recht haben. Zudem wird Ihr Beeinflusser immer wieder versuchen, Sie zu überzeugen, dass er Recht hat und nicht Sie.

Auch wenn der folgende Vorschlag Ihnen vielleicht etwas übertrieben vorkommt, aber Sie sollten alles was passiert so detailgetreu wie möglich aufschreiben oder es Familie und Freunden erzählen, um Unterstützung zu erhalten, wenn Sie welche brauchen.

14. Beschämung hervorrufen

Sie haben es sich endlich getraut und stellen die Machtposition Ihres Manipulators in Frage, dann werden Sie nun sehr wahrscheinlich mit einer der am häufigsten verwendeten Taktiken konfrontiert. Ihr Gegenüber wird alles daransetzen, Sie herabzusetzen, womit er Sie mehr als nur kritisieren will, er will, dass Sie sich schämen. Dadurch werden Sie an sich selbst zweifeln, weil wir durch das Schämen immer unser Selbstwertgefühl schwächen. Daher werden Sie den Manipulator nicht mehr herausfordern und lieber das tun, was er von Ihnen verlangt.

Diese Technik kann aber auch verwendet werden, wenn das Opfer auf etwas besonders stolz ist. Dann wird der Manipulator bei der nächsten Beeinflussung genau darauf abzielen, dass sein Opfer sich dafür schämt, so werden nämlich auch sehr wahrscheinlich alle anderen Dinge, auf die ein Mensch stolz sein kann, verdrängt und der Manipulator kann wieder im Zentrum der Aufmerksamkeit stehen.

Des Weiteren könnte auch eine Art der Beschämung sein, Sie an negative Sachen aus Ihrer Vergangenheit zu erinnern, damit Sie sich unwohl fühlen. Ein extremes Beispiel für diesen Fall wäre eine

Vergewaltigung, wobei dem Opfer immer wieder eingetrichtert wird, dass es selbst schuld sei und die Tat womöglich verdient hat.

Achten Sie daher auf die Mimik, rhetorische Mittel und indirekte Hinweise, die Ihr Manipulator verwenden wird, um Sie zu beschämen. Aber auch Dinge, wie subtiler Sarkasmus werden verwendet, damit Sie nie wieder Ihre Meinung frei und offen äußern.

Sinnvoll wäre es daher, Grenzen zu setzten und dem Manipulator so zu verbieten, auf diesem Weg mit Ihnen zu sprechen. Immerhin haben Sie das Recht darauf, zu sagen, was Sie denken und dieses Recht sollten Sie auch einfordern. Außerdem sollten Sie keine Informationen preisgeben, die man in irgendeiner Hinsicht gegen Sie verwenden könnte, besonders nicht an Menschen, die Sie noch nicht gut genug kennen.

15. Die Misshandlungen oder auch die Aggressionen

Sobald Sie das Spiel eines Manipulators einmal durchschaut haben, dann kann dieser auf jegliche Art der Aggression zurückgreifen, also auch verbale und körperliche Misshandlung sowie psychologischen Missbrauch. Daher wird er versuchen Sie mit unverblümtem Zorn, aggressivem Sprachgebrauch oder Bedrohungen einzuschüchtern. Das klappt besonders gut, wenn das Opfer sich dabei unwohl fühlt und versucht, ihm aus dem Weg zu gehen, wodurch der Manipulator erst wirklich die Kontrolle über sein Opfer gewinnt.

Oft wird diese Manipulation von Außenstehenden als Eifersucht abgetan und ich muss zugeben, dass sich diese Strategie in manchen Situationen wirklich so äußert. Deswegen bekommt Ihr Partner also keinen Wutanfall nur weil Sie mit anderen Leuten reden oder mit Ihren Freunden mal etwas allein machen wollen.

Laut dieser Definition ist Ihr Partner nicht eifersüchtig, sondern versucht, Sie dazu zu bringen, Angst vor ihm oder ihr zu bekommen. Dadurch erhofft sich der Manipulator, dass Sie nichts mehr mit Ihren Freunden unternehmen werden, diese Technik soll also auch wieder in die Isolation und Abhängigkeit zum Beeinflussenden führen.

Deswegen sollte Ihnen immer bewusst sein, dass es sich meistens nur um ein gespieltes Verhalten handelt und darauf angelegt ist, die Kontrolle über Sie zu behalten.

Ich rate Ihnen daher, den Manipulator zur Ordnung zu rufen, außer wenn Sie dann physisch angegriffen werden würden, dann holen Sie sich bitte vorab Hilfe bei einem Berater, der Sie durch diese Situation leiten wird. Wenn das nicht hilft, sollten Sie den Manipulator verlassen und notfalls, falls sie zusammenleben, auch ausziehen.

DIE FOLGEN VON MANIPULATION

Geschwisterrivalität nicht noch unterstreichen, sondern das harmonische Miteinander unterstützen. Manipulation durch eine andere Person, von der Sie betroffen sind, wird auf Dauer Folgen für Ihre psychische Gesundheit haben, wobei sich beispielsweise Angstzustände verstärken könnten, was Sie schließlich mit Depressionen belasten würde. Bekanntlich können Beziehungen, in denen zu viel manipuliert wird, nie gut ausgehen, da Sie sich in einer solchen Partnerschaft nicht wohlfühlen werden.

Im ersten Schritt, um aus solch einer Situation zu entkommen, müssen Sie sich von dem

Manipulator distanzieren, indem Sie die Anzeichen der Beeinflussung rechtzeitig erkennen.

WIE WIRKT SICH MANIPULATION AUF IHRE GESUNDHEIT AUS?

Viele Menschen, die Opfer von übermäßiger Manipulation wurden, haben ein geschmälertes Selbstbewusstsein und Selbstwertgefühl. Das rührt daher, dass sie sich oft machtlos gegenüber ihrem Manipulator fühlen und dies auch irgendwann denken.

Leider geben die Opfer durch dieses Verhalten ihrem Beeinflusser noch mehr Macht über sie, ohne dass sie es meistens bemerken. Während das Opfer sich also machtlos fühlt, trifft beim Manipulator das genaue Gegenteil zu, vielleicht fühlt er oder sie sich schon fast gottgleich. Deswegen merken sie auch schnell, dass sie leichtes Spiel haben und werden irgendwann zu dem Schluss kommen, dass sie das Recht haben, anderen etwas Derartiges anzutun.

Wie bereits erwähnt, sind die ersten Anzeichen auf Seiten des Opfers häufig Angstzustände und übermäßiger Stress. Natürlich sind solche extremen Gefühle auf Dauer nicht gesund und das Opfer wird sich irgendwann wie ein flüchtendes Tier fühlen, was nur auf den nächsten Angriff, in diesem Fall die nächste unerwartete Manipulation, wartet.

Wenn die Beeinflussung noch weiter geht oder schlimmer wird, würde sich das Opfer allmählich noch viel machtloser fühlen, was zur Depression führen könnte. Das schließt mit ein, dass der Manipulator die Schwachstellen seines Opfers soweit ausgenutzt hat, dass das Opfer denken wird, dass der Manipulator mit seinen Aussagen Recht hat. Woraufhin das Opfer sich nur weiter in eine Depression stürzen wird, weil die meisten Leute zur Selbstreflexion neigen und somit nur noch die negativen Dinge, wie etwa die Beeinflussungen, sehen werden.

WIE ÄUßERT SICH MANIPULATION IN BEZIEHUNGEN?

Der Schlüssel zu einer langandauernden Bindung ist, dass jeder seine Meinung und Ansichten frei äußern kann. Zudem sollte der eine für den anderen da sein, wenn dieser in irgendeiner Hinsicht Probleme hat. Des Weiteren muss man in einer gesunden Beziehung die Schwachstellen, Eigenarten und die persönlichen Grenzen des anderen akzeptieren und respektieren. Eine gesunde Beziehung basiert also auf gegenseitigem Vertrauen und Respekt.

Dabei muss natürlich nicht jeder Tag rosig sein, vielmehr sollte man die gemeinsam durchgestandenen schlechten Zeiten als eine Art Gewinn sehen, da beide Seiten an diesen Erfahrungen gewachsen sind.

Doch durch Manipulation wird das harmonische Zusammenleben einer Beziehung gefährdet. Hierbei ist es jedoch wichtig zu unterscheiden, ob es sich um eine Beeinflussung oder eine Überzeugung handelt. Wahrscheinlich haben wir alle schon einmal gelogen, um unseren Partner zu etwas zu überreden und unser Partner wird das auch schon gemacht haben. Was auch nicht so schlimm ist, solange es in Maßen passiert.

Der Manipulator hingegen zerstört mutwillig dieses harmonische Zusammenleben, durch eine übermäßige Beeinflussung, wobei das Wohlergehen des Opfers gefährdet wird. Dafür werden sowohl der Respekt als auch das Vertrauen zum Partner verletzt, um nur noch die eigenen Entscheidungen durchzubringen.

Oft haben Opfer von Manipulation im eigenen

Haushalt Angst vor den Konsequenzen, wenn sie ihrem Partner nicht seinen oder ihren Willen lassen.

SO BEENDEN SIE MANIPULATION, WENN SIE DAVON BETROFFEN SIND.

Wie wir bereits schon besprochen haben, fällt es uns leichter, uns nicht manipulieren zu lassen, umso mehr wir über die Beeinflussung wissen. Außerdem haben Sie gelernt, wie die Vorgehensweise eines Manipulators aufgebaut ist und wie Sie selbst diese anwenden, erkennen und beenden können.

Trotzdem möchte ich nun an Sie appellieren, wenn Sie in einer manipulativen Beziehung sind, bitte etwas dagegen zu unternehmen. Daher rufen Sie sich bitte noch einmal ins Gedächtnis, dass man einen krankhaften Manipulator nicht ändern kann und Sie deswegen im Notfall Ihre Beziehung beenden sollten, um Ihre psychische Gesundheit nicht weiter zu gefährden.

Falls Sie sich dazu allein nicht in der Lage fühlen, dann suchen Sie sich Unterstützung. Ihre Unterstützung können alle möglichen Leute aus Ihrer Familie oder Ihrem Freundeskreis sein. Besonders wenn Ihre Manipulation schon so weit war, dass Sie sich in der Isolationsphase befanden, werden Ihre Liebsten Ihnen helfen wollen, vorausgesetzt Sie schildern ihnen Ihre Situation. Am besten wäre es immer noch, mit einem professionellen Berater zu sprechen, der Ihnen helfen wird, aus Ihrer Lage wieder herauszukommen.

Denn merken Sie sich, je länger Sie sich manipulieren lassen, desto mehr geben Sie von sich selbst auf.

Ich hoffe wirklich sehr, dass Sie die Informationen in diesem Buch als nützlich empfunden haben und dass diese Ihnen weiterhelfen werden.

Herstellung und Verlag:
BoD – Books on Demand, Norderstedt
ISBN: 9783751934572

1. Auflage
Kontakt: Psiana eCom UG/ Berumer Str. 44/ 26844 Jemgum
Covergestaltung: Fenna Larsson
Coverfoto: depositphotos.com

CPSIA information can be obtained
at www.ICGtesting.com
Printed in the USA
LVHW020419210620
658101LV00007B/475